游泳竞赛规则

2014—2018

中国游泳协会　审定

人民体育出版社

前　言

《游泳竞赛规则 2014—2018》是中国游泳协会裁判委员会依照国际游泳联合会（国际泳联）的《2013—2017 年国际泳联手册》，结合我国游泳竞赛的实际情况，集体研究制定的。本规则经中国游泳协会审定，供全国各级各类游泳比赛使用。从本规则颁布之日起，原《游泳竞赛规则 2010—2014》停止使用。

各单位在执行中如发现问题，欢迎提出意见和建议，以便今后修订时进一步完善。

中国游泳协会

2014 年 5 月

目 录

第一章 竞赛管理与裁判员 ……… (1)
第一条 竞赛管理 ……………… (1)
一、竞赛组织 ………………… (1)
二、技术代表 ………………… (1)
三、裁判员设置 ……………… (2)
第二条 裁判员职责 …………… (4)
一、总裁判与副总裁判职责 … (4)
二、编排记录长、副编排记录长与编排记录员职责 …… (6)
三、检录长、副检录长与检录员职责 ………………… (7)
四、发令员职责 ……………… (8)
五、技术检查员职责 ………… (8)

六、转身检查长与转身检查员职责 ……………………（9）
七、自动计时长与自动计时员职责 ……………………（11）
八、计时长、副计时长与计时员职责 ……………………（12）
九、终点裁判长、副终点裁判长与终点裁判员职责 …（13）
十、宣告员职责 ……………………（14）
十一、替补裁判员 ……………………（14）
第二章 比赛通则 ……………………（15）
第一条 参赛办法 ……………………（15）
一、报名 ……………………（15）
二、参赛 ……………………（15）
第二条 编排 ……………………（17）
一、预赛 ……………………（17）
二、泳道安排 ……………………（19）
三、半决赛、决赛 ……………………（20）
四、重赛 ……………………（21）
五、弃权 ……………………（23）

第三条　出发 …………………… (24)
一、出发的规定 ……………… (24)
二、出发犯规的判罚规定 … (25)
第四条　计时 …………………… (26)
一、自动计时 ………………… (26)
二、人工计时 ………………… (29)
三、单项比赛犯规的成绩记录
…………………………… (30)
四、接力比赛犯规的成绩记录
…………………………… (31)
第五条　比赛 …………………… (31)
一、比赛规定 ………………… (31)
二、犯规判罚规定 …………… (33)
第六条　全国纪录 ……………… (34)
一、设全国纪录的项目 …… (34)
二、全国纪录的申请与承认 … (36)
第三章　各项泳式比赛的规定 … (39)
第一条　自由泳 ……………… (39)
第二条　仰泳 …………………… (40)
第三条　蛙泳 …………………… (41)

第四条　蝶泳 …………………… (44)
第五条　混合泳 ………………… (46)
第四章　场地、器材设备 ……… (47)
第一条　游泳池 ………………… (47)
第二条　泳道、分道线与标志线 ………………………………… (49)
第三条　出发台 ………………… (53)
第四条　召回线与仰泳转身标志线 ……………………… (55)
第五条　自动计时装置 ……… (56)
第六条　基层比赛的场地、器材 ………………………………… (60)
第五章　附则 ………………… (61)
第一条　泳装规定 …………… (61)
第二条　赛前练习 …………… (62)
第三条　场馆保障 …………… (62)
第四条　广告标志 …………… (63)
第五条　录像设备 …………… (64)
第六条　技术会议 …………… (64)
第七条　申诉与仲裁 ………… (64)

第八条 基层比赛 ……………… (65)
附录一 50 米泳池及泳道标志示意图 ………………………… (67)
附录二 25 米泳池及泳道标志示意图 ………………………… (68)

第一章 竞赛管理与裁判员

第一条 竞赛管理

一、竞赛组织

（一）竞赛主办单位负责任命技术代表、仲裁、总裁判并委派裁判员。

（二）组织委员会（竞赛委员会）全面负责大会的各项工作，决定规则未授权予总裁判的一切事宜。

二、技术代表

（一）技术代表作为组织委员会（竞赛委员会）的成员，代表主办单位对比赛进行技术指导和监督。

（二）技术代表主持竞赛工作，负责裁判员管理，决定规则未授权予总裁判的一切事宜。

（三）技术代表负责组织检查竞赛场地设施，监督竞赛设施的运行。

（四）技术代表负责组织对比赛中申诉情况的调查，召集仲裁委员对申诉进行裁决。

三、裁判员设置

（一）采用人工计时，裁判人员设置如下：

总裁判 1 人，副总裁判 1～4 人；

技术检查员 4 人；

发令员 2～3 人；

转身检查长 2 人（终点端和转身端各 1 人），转身检查员每条泳道两端各 1 人；

计时长 1 人，副计时长 1～2 人，计时员每条泳道 3 人（其中 1 人由终点端转身检查员兼任）；

编排记录长 1 人，副编排记录长 1～2 人，编排记录员 4～8 人；

检录长 1 人，副检录长 1～2 人，检录员 5～8 人；

宣告员 1～2 人；

替补裁判员 2～4 人。

（二）采用自动计时装置而未使用录像计时系统时，须使用半自动计时装置或人工计时作替补，需增设自动计时长 1 人，自动计时员 1～2 人。

（三）未采用自动计时装置时，可配备终点裁判长 1 人、副终点裁判长 1 人、终点裁判员若干人。

（四）基层比赛的裁判员人数可根据比赛的具体条件安排。

第二条　裁判员职责

一、总裁判与副总裁判职责

（一）总裁判在组织委员会（竞赛委员会）和技术代表领导下，全面领导和分配全体裁判员的工作，并明确各位裁判员的职责和任务。

（二）总裁判应严格执行竞赛规程和竞赛规则，解决比赛中的有关问题，并可决定规则中未详尽或没有明文规定的事项，但不能修改规程和规则。

（三）总裁判可随时干预比赛，裁定比赛过程中的各种异议，以保证规程和规则得以执行。

（四）当终点裁判员判定的名次与计时员计取的成绩不一致时，由总裁判决定名次。

（五）总裁判为保证竞赛顺利进行，

可随时指派替补裁判员上岗工作，在必要时有权撤换不称职的裁判员。

（六）总裁判根据自己的观察或其他裁判员的报告，有权取消犯规运动员的比赛资格或录取资格。

（七）总裁判应于比赛前检查场地、器材是否符合规则的规定。

（八）在每项、每组比赛开始时，总裁判应用连续的短哨声示意运动员脱外衣；然后用长哨声示意运动员站到各自的出发台上（仰泳项目和混合泳接力项目第 1 棒的运动员应立即下水，在总裁判发出第 2 声长哨时，应迅速游回池端做好出发准备）。当所有运动员和裁判员都做好准备时，总裁判用向外平伸手臂的动作示意发令员准备发令，待发令结束后总裁判再收回手势。

（九）各项、各组的比赛成绩须经总裁判签名确认。

（十）总裁判有权取消任何泳装或身

体符号不符合本《规则》规定的运动员的比赛资格或录取资格。

（十一）副总裁判协助总裁判工作。总裁判、副总裁判可轮流担任各场比赛的执行总裁判。每场比赛设两名执行总裁判，履行该场比赛总裁判的职责。

二、编排记录长、副编排记录长与编排记录员职责

（一）编排记录长负责领导和分配编排记录员的工作；负责检查和核对每项比赛成绩、名次，并提请总裁判在成绩单上签名。副编排记录长协助编排记录长工作。

（二）编排记录员在比赛前，应根据规程、规则、报名单、竞赛日程及有关材料，编排竞赛秩序，印制裁判工作所需的各种表格。

（三）编排记录员在比赛中，准确地记录和及时公布每组、每项比赛成绩；

及时统计和公布新创纪录、团体总分等。预赛、半决赛后，按成绩编排半决赛、决赛秩序。

（四）编排记录员在比赛结束后，应尽快编制成绩册，经总裁判、副总裁判签名后送交组织委员会（竞赛委员会）。

三、检录长、副检录长与检录员职责

（一）检录长负责领导与分配检录员的工作。副检录长协助检录长工作。

（二）检录员负责布置检录处，赛前核对运动员竞赛卡片。

（三）检录员负责检查运动员泳装是否符合规定、广告标志是否符合组织委员会（竞赛委员会）的要求。

（四）检录员在每组比赛前负责点名，并带领运动员入场。及时向检录长和总裁判报送未参加检录的运动员名单。比赛完毕后，带领运动员离场。颁奖时，负责召集和引导工作。

四、发令员职责

（一）发令员应站在游泳池的侧面，离出发端5米以内处发令。发令时能使运动员和计时员听到或看到出发信号。

（二）发令员负责管理由总裁判发出手势信号后至比赛开始的运动员。

（三）发令员有权判定运动员出发时是否犯规，如取消运动员比赛资格或录取资格，须经总裁判同意。

（四）发令员发现运动员延误比赛、蓄意不服从命令或在出发时有任何犯规行为应向总裁判报告，由总裁判决定是否取消该运动员的比赛资格。

五、技术检查员职责

（一）技术检查员位于游泳池两侧，在总裁判直接领导下进行工作。

（二）技术检查员负责检查运动员

在游进中的泳式和动作是否符合规则，协助两端转身检查员检查运动员转身、到达终点和接力交接棒的动作是否符合规则。

（三）技术检查员发现运动员犯规，应及时报告并填写检查表交总裁判。

（四）技术检查员兼管召回线。当听到召回信号后，应迅速放下召回线，将运动员召回。

六、转身检查长与转身检查员职责

（一）转身检查长负责领导和分配本端转身检查员的工作，确保每位转身检查员履行工作职责。

（二）如转身检查员报告运动员犯规，转身检查长应及时报告总裁判，并审核转身检查员交来的检查表，签名后及时上交总裁判。转身检查长根据自己的观察发现运动员犯规，应及时报告总裁判并填写检查表上交。

（三）转身检查员负责检查运动员从触壁前最后一次手臂动作开始至转身后第 1 次手臂动作结束的整个转身动作是否符合规则。

（四）出发端的转身检查员还要负责检查运动员从出发入水后至第 1 次划水结束的动作是否符合规则。在接力项目比赛中检查出发运动员是否在前一名运动员触及池壁后离开出发台。

（五）转身端的转身检查员在 800 米和 1500 米项目中还要负责记录该泳道运动员完成的趟数，并用报趟牌向运动员显示所剩趟数。

（六）终点端的转身检查员还要负责检查运动员到达终点的动作是否符合规则，可兼做计时员的工作；在 800 米和 1500 米项目中，运动员到达终点前 105 米（25 米泳池为 55 米）时，应用铃声或哨声向运动员发出信号，直至运动员转身后到达 5 米处。

（七）转身检查员在发现运动员犯规后，应及时报告并填写检查表交转身检查长。

七、自动计时长与自动计时员职责

（一）自动计时长负责领导和分配自动计时员的工作。比赛前参与检查和调试设备，比赛时负责监督自动计时装置的运行情况，整理自动计时的成绩记录单，签名后备查。

（二）自动计时员协助专业技术人员安装、调试全部的自动计时装置，比赛时协助、监督专业技术人员操作主机及有关设备，向自动计时长提交自动计时成绩记录单。

（三）在某项、某组比赛结束后，如发现自动计时装置失灵，自动计时长应及时报告总裁判，并按有关规定处理。

（四）接力比赛时，如发现自动计时装置有抢跳犯规显示，自动计时长应及时报告总裁判。

（五）自动计时员与编排记录组配合，准确记录运动员的成绩、弃权及犯规等情况。

八、计时长、副计时长与计时员职责

（一）计时长负责领导和分配计时员的工作。副计时长协助计时长工作。

（二）计时长应于比赛前检查计时表是否准确可用。

（三）计时长和计时员在发令员发出“出发信号”后立即按动计时表，在运动员抵达终点后立即按停计时表。计时长计取的成绩可作为检查、核对和补充之用。

（四）每组比赛完毕，计时长收集各泳道的竞赛卡片，必要时查看计时员的计时表，核对比赛成绩。当设置终点裁判时，计时长与终点裁判长核对名次后，将竞赛卡片交总裁判审核。

（五）计时员负责计取运动员在比赛中的成绩及计取 100 米以上距离项目的分段成绩，并将成绩登记在竞赛卡片上交计时长。如计时长要求查看计时表成绩，应将计时表出示受检。在总裁判组织下一组比赛鸣短哨声时回表。

（六）使用半自动计时装置时，计时员还要负责计取本泳道的半自动计时成绩。

（七）当每条泳道仅有 1 名计时员时，应设 1 名替补计时员。此时，计时长必须计取每组最快运动员的成绩。

九、终点裁判长、副终点裁判长与终点裁判员职责

（一）终点裁判长负责领导和分配终点裁判员的工作。在各组比赛中，观察运动员游进的全部情况，综合终点裁判员的判断，确定每组比赛名次。副终点裁判长协助终点裁判长工作。

（二）终点裁判员应坐在位于终点延长线的梯形架上，以便在比赛中能清楚地看到全部运动员整个游程和到达终点情况。

（三）终点裁判员按分工准确地判断每组比赛名次。

十、宣告员职责

宣告员在总裁判领导下，负责向观众介绍比赛项目和进行情况，并宣布经总裁判确认的比赛成绩。

十一、替补裁判员

比赛中，替补裁判员根据总裁判的指令，随时替补指定岗位。

第二章　比赛通则

第一条　参赛办法

一、报　名

（一）参赛单位必须按竞赛规程的规定，确定每项参加的人数和每人参加的项数，并在规定时间内办理报名手续。在报名单上要填写运动员在报名截止日期前指定期限内的最好成绩。

（二）除了竞赛规程另有规定外，在报名后不得替换运动员或更改项目。

二、参　赛

（一）接力比赛以队为单位，每个

接力队应有 4 名队员，每名接力队员在一次接力比赛中只能游其中的一棒。每单位可在报名参加比赛的同组运动员中任选 4 人参加接力比赛，在预赛、决赛中参加者可任意调换。各队须将参加接力比赛的运动员名单及顺序在该场比赛开始前至少 30 分钟交编排记录处，否则以弃权论。接力队必须按提交的名单和顺序参加比赛，否则将被取消录取资格。

（二）男女混合接力项目，每队必须由 2 男 2 女组成，其分段成绩不能作为纪录和（或）报名成绩。

（三）参加比赛的运动员（包括替补运动员）必须在该项比赛开始前至少 20 分钟到第 1 检录室接受对泳装的检查，运动员应出示泳装标识受检，检查合格后方可进入第 2 检录室参加检录。

第二条　编　排

一、预　赛

按运动员(接力队)报名成绩优次排列次序。在报名单上未按要求填写报名成绩者，将作为成绩最差的排在最后。报名成绩相同或无报名成绩者超过 1 人时，应以抽签方法决定其排列次序。各项预赛按以下方法编排。

（一）1 组时，应作为决赛编排，并安排在决赛时段进行。

（二）2 组时，报名成绩最好者应编排在第 2 组，次好者应编排在第 1 组，再次者应编排在第 2 组，第 4 名应编排在第 1 组，以此类推。

（三）3 组时（除 400 米、800 米和 1500 米项目外），报名成绩最好者应编排在第 3 组，次好者应编排在第 2 组，再次者应编排在第 1 组，第 4 名应编排在第 3 组，第 5 名应编排在第 2 组，第 6 名应编排在第 1 组，以此类推。

（四）4 组或 4 组以上时（除 400 米、800 米和 1500 米项目外），最后 3 组按本条“一”款“（三）”项的方法编排。所剩运动员（接力队），按其报名成绩优次顺序编满倒数第 4 组。如还剩下运动员（接力队），再按其报名成绩优次顺序编满倒数第 5 组，以此类推。

（五）400 米、800 米和 1500 米项目 3 组或 3 组以上时，最后 2 组按本条“一”款“（二）”项的方法编排。所剩运动员，按其报名成绩优次顺序编满倒数第 3 组。如还剩下运动员，再按其报名成绩优次顺序编满倒数第 4 组，以此类推。

（六）2 组或 2 组以上的任何预赛组内至少应有 3 名运动员（接力队）。但若编排后有运动员（接力队）弃权，则该预赛组内可少于3名运动员（接力队）。

二、泳道安排

（一）预赛、半决赛和决赛均可使用10条泳道进行比赛。

（二）使用6条泳道时，同一组运动员（接力队）按其报名成绩的优次顺序依次安排在第3、4、2、5、1、6泳道。

（三）使用8条泳道时，同一组运动员（接力队）按其报名成绩的优次顺序依次安排在第4、5、3、6、2、7、1、8泳道。

（四）使用10条泳道时，同一组运动员（接力队）按其报名成绩的优次顺序依次安排在第4、5、3、6、2、7、1、8、0、9泳道。

（五）泳道数为奇数时，同一组报名成绩最好的运动员（接力队）应安排在中间的泳道，成绩次好者应安排在其左侧泳道（面向游泳池），再次好者应安排在其右侧泳道，以此类推。

三、半决赛、决赛

（一）50米、100米、200米距离的项目可进行预赛、半决赛、决赛，其他距离的项目只进行预赛和决赛。

（二）半决赛项目，根据预赛成绩的排列顺序，按照本条“一”款“（二）”项和“二”款的规定编组和安排泳道。

（三）决赛项目，根据预赛或半决赛成绩排列顺序，无预赛时根据报名成绩排列顺序，按照本条“二”款的规定安排泳道。

（四）如果游泳池设有10条泳道而比赛使用8条泳道，当800米和1500米自由泳预赛出现第8名有2人成绩相同时，决赛应启用第9泳道，用抽签的方式决定第8和第9泳道的运动员；当800米和1500米自由泳预赛出现第8名有3人成绩相同时，决赛应启用第0和第9

泳道，用抽签的方式决定第 8、第 0 和第 9 泳道的运动员。

（五）比赛如采用分组决赛，则根据报名成绩的优次顺序，先编满最后一组，再编满倒数第 2 组，以此类推。同一组的运动员（接力队），按本条“二”款的规定安排泳道。

（六）800 米和 1500 米自由泳项目采用分组决赛时，最后一组可安排在决赛场次进行，其他各组可安排在预赛场次进行。

四、重 赛

在使用 8 条（或 10 条）泳道的比赛中，预赛或半决赛后，在确定一个项目的第 8 名或第 16 名（第 10 名或第 20 名）时，如果有两名或两名以上运动员的成绩直至百分之一秒都相同，决定参加半决赛、决赛人选的办法为：

（一）采用自动计时装置或每条泳道

有 3 块计时表计时（未设终点裁判），同组或不同组的运动员成绩相同者，都必须重赛，按重赛后的名次确定参加半决赛或决赛人选。

（二）采用人工计时并设终点裁判的情况下，同组运动员成绩相同者不重赛，按该组的终点名次确定参加半决赛或决赛人选。不同组的运动员成绩相同者，按以下 3 种方法确定参加重赛的运动员：

1. 某项预赛或半决赛后，两组或两组以上的运动员成绩相同，需要确定一名参加半决赛或决赛时，各组终点名次最前的一名参加重赛。重赛后的优胜者参加半决赛或决赛。

2. 某项预赛或半决赛后，A 组的甲、乙、丙（按该组终点名次排列顺序）运动员与 B 组甲运动员成绩相同，需要确定两名参加半决赛或决赛时，A 组的丙应被淘汰，由 A 组的乙和 B 组的甲重赛。重赛后的优胜者与 A 组的甲一起参加半决赛或决赛。

3. 某项预赛或半决赛后，A 组的甲、乙运动员与 B 组的甲、乙运动员成绩相同，需要确定两名参加决赛或半决赛时，这 4 名运动员应一起重赛。重赛后名次列前的两名运动员参加半决赛或决赛。

（三）重赛事宜经有关方面协商确定，重赛须在本场比赛结束 1 小时内进行。

（四）重赛后若成绩仍相同，则仍按上述条款处理。

（五）必要时，应进行重赛来确定第 1 和第 2 替补运动员。

五、弃　权

（一）已获得半决赛或决赛资格的运动员（接力队），可以在该项比赛结束 30 分钟内提出弃权。运动员（接力队）若在技术会议后提出预赛弃权，或在获得半决赛或决赛资格的比赛结束 30 分钟后提出半决赛或决赛弃权，将按有关规定予以处罚。弃权时，必须提交由领队或教练员签名的弃权申请单。

（二）当有运动员（接力队）半决赛或决赛弃权时，应按预赛或半决赛成绩排列的顺序依次替补。该项目必须按本条“一”款“（二）”项和“二”款的规定重新编排，并通告详细的变动或替补情况。

第三条 出 发

一、出发的规定

（一）自由泳、蛙泳、蝶泳、个人混合泳及自由泳接力的比赛必须从出发台出发。当总裁判发出长哨声信号后，运动员应站到出发台上；当发令员发出“各就位”口令后，运动员应至少有一只脚置于出发台的前沿，立即做好出发姿势。当所有运动员都处于静止状态时，发令员发出“出发信号”。

（二）仰泳比赛、混合泳接力比赛的第1棒，必须从水中出发。当总裁判发出第1声长哨声信号后，运动员应立即下水；当总裁判发出第2声长哨声信号后，运动员应迅速游回池端；当所有运动员都做好出发准备时，发令员发出“各就位”口令；当所有运动员都处于静止状态时，发令员发出“出发信号”。

（三）在50米池进行50米项目的比赛，在哪一端出发，应根据组织委员会（竞赛委员会）的决定执行，并在赛前通知运动员。

二、出发犯规的判罚规定

（一）任何运动员在“出发信号”发出前出发，应判犯规。如果在“出发信号”发出后发现运动员抢跳，应继续比赛，在该组比赛结束后取消抢跳运动员的录取资格；如果在“出发信号”发出前发现运动员抢跳，则不再发“出发信号”，待取消抢跳运动员比赛资格后，总裁判再以长哨声（仰泳为第2声长哨）开始重新组织其余运动员出发。

（二）因裁判员的失误或器材失灵而导致运动员抢跳时，发令员应将运动员召回重新组织出发，不视为抢跳犯规。

第四条　计　时

自动计时、半自动计时与人工计时，均为正式的计时方法。

一、自动计时

（一）自动计时装置必须在指定裁判员的监督下进行操作。由自动计时装置记录的成绩应当用于确定名次和各泳道的成绩。如果自动计时装置发生故障或运动员未能触停该装置，则半自动计时或人工计时的成绩将作为正式成绩。

（二）使用自动计时装置时，成绩记录到百分之一秒。当可以精确到千分之一秒时，不记录千分位数，也不以千分位数来确定成绩和名次。比赛中成绩相同的所有运动员（接力队）其名次相同。电子公告板上只应显示到百分之一秒的成绩。

（三）自动计时工作程序

1. 使用自动计时装置时，由该装置确定的成绩、名次和接力交接棒情况，应当优先被采用。

2. 某组比赛中，当自动计时装置未能记录到1名或多名运动员的成绩和（或）名次时，应：

（1）记录所有可获得的自动计时和半自动计时装置成绩和名次。

（2）记录所有人工计时成绩和名次。

（3）正式名次按下述方法确定：

①同一组中，对具有自动计时装置成绩和名次的运动员进行比较，应保持其相对顺序。

②不具有自动计时装置名次但具有自动计时装置成绩的运动员，须用其自动计时装置成绩与其他运动员的自动计时装置成绩进行比较，确定其相对顺序。

③既没有自动计时装置名次又没有自动计时装置成绩的运动员，应采用其半自动计时装置成绩或 3 块数字式计时表计取的成绩来确定其相对顺序。

（4）正式成绩按下述方法确定：

①具有自动计时装置成绩的所有运动员，其自动计时装置成绩即为正式成绩。

②无自动计时装置成绩的所有运动员，其半自动计时装置成绩或 3 块数字式计时表计取的成绩即为正式成绩。

（5）一项预赛结束后确定全部运动员相对名次的方法为：

①比较所有运动员的正式成绩以确定其相对名次。

②如果一名运动员的正式成绩与另一名或多名运动员的正式成绩相同，则该项中具有相同成绩的所有运动员的名次并列。

二、人工计时

（一）每条泳道采用3块计时表计时而未设置终点裁判时，运动员的正式成绩是录取名次的根本依据。

（二）任何由1名裁判员操作的计时装置均应视为1块计时表。

（三）建议每条泳道指派3名计时员，所使用的计时表必须精确至百分之一秒。

（四）人工计时的正式成绩按下述方法确定：

1. 在3块计时表中，有两块计时表计取的成绩相同时，该成绩即为正式成绩。

2. 如果3块计时表计取的成绩都不相同，应以中间的成绩为正式成绩。

3. 如果3块计时表中只有两块正常运行，应以平均成绩为正式成绩。

（五）当计时成绩和终点名次顺序不一致时（如第2名的成绩反比第1名的成绩好），应以总裁判的判定为准：若总裁判判定以终点名次为准，应将第1名与第2名的正式成绩相加后平均，作为第1名和第2名的正式成绩（平均成绩取至百分位秒数）；若总裁判判定以计时成绩为准，应以计时成绩顺序重新排列名次。若出现两名以上终点名次和计时成绩顺序不一致时，仍按此办法处理。

三、单项比赛犯规的成绩记录

如果运动员在某项比赛中或比赛后被判犯规，该情况应记录在正式成绩单上，但其成绩或名次不予记录和公布。

四、接力比赛犯规的成绩记录

接力比赛第1棒运动员的分段成绩应被计取，并公布在正式成绩单上。如接力队被判犯规，则犯规之前的分段成绩应记录在正式成绩单上。

第五条　比　赛

一、比赛规定

（一）比赛中，不得将不同组别、不同项目的运动员（接力队）混合编组。除男女混合接力项目外，不得将不同性别的运动员（接力队）混合编组。

（二）运动员应游完全程才能获得录取资格。

（三）运动员应始终在其出发的同一泳道内比赛和抵达终点。

（四）在所有项目中，运动员转身时

必须按各泳式的规定触及池壁，不允许在池底跨越或行走。

（五）在自由泳项目和混合泳项目的自由泳段比赛中，允许运动员在池底站立，但不得行走。

（六）不允许拉分道线。

（七）比赛中，运动员不得使用或穿戴任何有利于其速度、浮力、耐力的器材（如手蹼、脚蹼、弹力绷带或粘胶材料等）和泳装，但可戴游泳镜。不允许在身上使用任何胶带，除非得到组织委员会（竞赛委员会）指定的医疗机构同意。

（八）在比赛场地内，不允许速度诱导及采用任何能起速度诱导作用的装置与方法。

（九）由于某运动员犯规而影响其他运动员获得优异成绩时，总裁判有权允许被干扰的运动员重新参加预赛。如在决赛或最后一组预赛中发生上述情况，可令该组重新比赛。

（十）接力项目如果有预赛，奖牌和证书应授予获名次接力队中参加了预赛或决赛的所有运动员。

（十一）只有赛事组织委员会（竞赛委员会）设置的录像设备才能作为判断运动员犯规和名次的依据之一。

二、犯规判罚规定

（一）游出本泳道阻碍其他运动员或以其他方式干扰其他运动员者，应判犯规。如属故意犯规，总裁判应将犯规情况报告主办单位和犯规运动员所在单位。

（二）在一项比赛进行过程中，当所有比赛的运动员还未游完全程前，未参加比赛的运动员如果下水，应取消其原定的下一次的比赛资格。

（三）接力比赛中，如本队的前一名运动员尚未触及池壁，后一名运动员的脚已蹬离出发台，应判犯规。

（四）接力比赛中，在各队的所有运动员还未游完之前，除了应游该棒的运动员之外，任何其他接力队员如果进入水中，应判犯规。

（五）运动员抵达终点后或在接力比赛中游完自己的距离后，应尽快离池，如妨碍其他游进中的运动员，应判该运动员（接力队）犯规。

第六条　全国纪录

一、设全国纪录的项目

（一）设男子、女子 50 米池全国纪录的项目

自由泳：50 米、100 米、200 米、400 米、800 米、1500 米。

仰泳：50 米、100 米、200 米。

蛙泳：50 米、100 米、200 米。

蝶泳：50 米、100 米、200 米。

个人混合泳：200米、400米。

自由泳接力：4×100米、4×200米。

混合泳接力：4×100米。

男女混合接力：4×100米自由泳、4×100米混合泳。

（二）设男子、女子25米池全国纪录的项目

自由泳：50米、100米、200米、400米、800米、1500米。

仰泳：50米、100米、200米。

蛙泳：50米、100米、200米。

蝶泳：50米、100米、200米。

个人混合泳：100米、200米、400米。

自由泳接力：4×50米、4×100米、4×200米。

混合泳接力：4×50米、4×100米。

男女混合接力：4×50米自由泳、4×50米混合泳。

二、全国纪录的申请与承认

（一）一个项目只允许一个成绩作为全国纪录。全国纪录必须是自动计时装置计取的成绩，或者是在自动计时装置失灵时由半自动计时装置计取的成绩。如果是半自动计时装置计取的成绩，则必须是 3 名计时员同时计取的方可申请为全国纪录。

（二）一名运动员在一次竞赛中，同一个项目先后数次的成绩超过原全国纪录，当后一次高于前一次成绩时方可申请为全国纪录。在一次竞赛中两名以上运动员成绩先后超过原全国纪录时，后者高于前者的方可申请为全国纪录。在一项比赛中只有优胜者的成绩方可申请为全国纪录。如同时在两地举行比赛，两地运动员成绩都高于原全国纪录的，在 24 小时以内创造的方可申请为全国纪录。成绩相同时，先创者的成绩可申请为全国纪录，后者为平全国纪录。

（三）凡在符合本规则有关规定并有国际级或国家级游泳裁判员参加裁判工作的比赛中创造的成绩，方可申请为全国纪录。

（四）除男女混合接力外，接力比赛中第1棒运动员的成绩可申请为全国纪录。如该运动员按规则有关规定在其本人的游程中创造了这一项目的纪录，即使本接力队因其他队员在其后犯规而被取消录取资格，这一纪录仍应被承认。

（五）运动员在个人项目中的某一分段成绩可申请为全国纪录，但该成绩应是由自动计时装置计取的，运动员必须按规则游完该项的全程，方可申请这一纪录。

（六）创纪录。运动员的正式成绩（自动计时装置成绩、半自动计时装置成绩）与国家体育总局公布的全国纪录相比较，凡超过者为创全国纪录。如某项全国纪录为1:06.96，运动员的成绩是1:06.95，应为创全国纪录。平全国纪录的运动员，应承认为全国纪录的保持者。

（七）在全国综合性运动会游泳比赛、全国游泳冠军赛和全国游泳锦标赛中创造的全国纪录将自动生效。

（八）运动员必须穿着符合本《规则》规定的泳装，所创全国纪录才能被承认。

（九）在淡水中进行的比赛所创全国纪录才能被承认。

（十）运动员创全国纪录，必须经过兴奋剂检查合格后方可由运动员所在单位按国家体育总局公布的《申请创全国纪录的办法》办理申请手续。

（十一）当使用可移动池壁的游泳池进行比赛时，如有运动员的成绩超世界纪录，在该场比赛结束后，必须经由国家承认的测绘单位重新检测各泳道的长度并提供书面证明。

第三章　各项泳式比赛的规定

第一条　自由泳

一、自由泳比赛中，可采用任何泳式。但在个人混合泳及混合泳接力比赛中，自由泳是指除蝶泳、仰泳、蛙泳以外的泳式。

二、每次转身和到达终点时，运动员身体的某一部分必须触及池壁。

三、在整个游程中，运动员身体的某一部分必须露出水面。在出发和转身时，允许运动员身体完全没入水中。出发和每次转身后，在 15 米前（含 15 米）运动员头的一部分必须露出水面。

第二条 仰 泳

一、在“出发信号”发出前，运动员应在水中面对出发端，两手抓住出发握手器。禁止两脚蹬在水槽里、水槽上或脚趾勾在水槽沿上。当使用仰泳出发器出发时，两脚脚趾必须与池壁或触板接触；严禁脚趾勾在触板上沿。

二、出发和每次转身后，运动员应蹬离池壁，除在做转身动作外，运动员在整个游程中应始终呈仰卧姿势，允许身体做转动动作，但必须保持与水平面小于 90° 的仰卧姿势，头部位置不受此限。

三、在整个游程中，运动员身体的

某一部分必须露出水面。在出发和转身时，允许运动员身体完全没入水中。出发和每次转身后，在 15 米前（含 15 米）运动员头的一部分必须露出水面。

四、在转身过程中，运动员身体的某一部分必须触壁，允许肩的转动超过垂直面，之后立即做 1 次连贯的单臂划水或双臂同时划水动作，并以此划水动作作为转身动作的开始。运动员必须呈仰卧姿势蹬离池壁。

五、运动员到达终点时，必须以仰卧姿势触壁。

第三条 蛙 泳

一、在出发和每次转身后，运动员可没入水中并可做 1 次手臂充分向后划至腿部的动作。在第1次手臂划水动作过程中，允许打1次蝶泳腿接蛙泳蹬腿动作。

二、从出发和每次转身后的第1次手臂动作开始，身体应保持俯卧，任何时候都不允许身体呈仰卧姿势。只要身体呈俯卧姿势蹬离池壁，允许运动员在触壁后用任何方式转身。在出发后的整个游程中，动作周期必须是以1次划臂和1次蹬腿的顺序完成。

三、两臂的所有动作应同时并在同一水平面上进行，不得有交替动作。两手应同时在水面、水下或水上由胸前伸出。除转身前的最后一次划水动作、转身过程中及抵达终点前的最后一次划水动作外，肘部不得露出水面。两手应在水面或水下向后划水。除出发和每次转身后的第1次划水动作外，两手向后划水不得超过臀线。

四、在每个完整动作周期内，运动员头的一部分必须露出水面。出发和每次转身后的第2次划臂至最宽点两手向内划水前，运动员头的一部分必须露出水面。

五、两腿的所有动作应同时并在同一水平面上进行，不得有交替动作。在蹬腿过程中，两脚必须做外翻动作。不允许做交替打腿或向下的蝶泳打腿动作（本条“一”款所述除外），允许两脚露出水面。

六、在每次转身和到达终点时，两手应分开（图1）在水面、水上或水下同时触壁。转身和到达终点前的最后一次手臂动作后可不接蹬腿动作。在触壁前的最后一次划水动作结束后，头可以没入水中。但在触壁前最后一个完整或不完整的动作周期中，头的一部分必须露出水面。

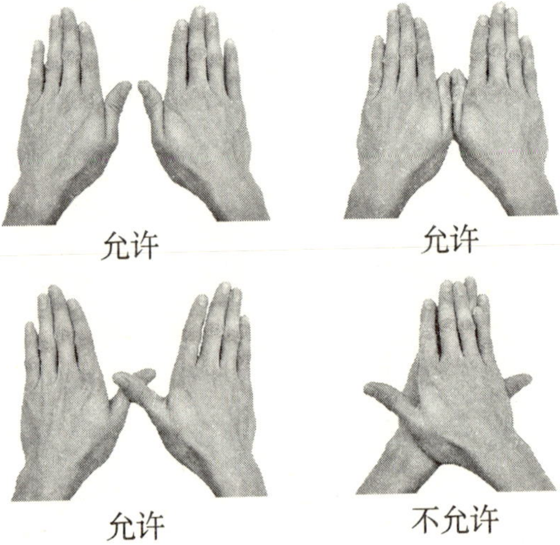

图 1　两手分开触壁示意

第四条　蝶　泳

一、从出发和每次转身后的第 1 次手臂动作开始，身体应保持俯卧，允许水下侧打腿。任何时候都不允许呈仰卧姿势。只要身体呈俯卧姿势蹬离池壁，允许运动员在触壁后用任何方式转身。

二、两臂应在水面上同时向前摆动，并在水下同时向后划水。

三、所有腿部的上下打腿动作应同时进行。两腿或两脚可不在同一水平面上，但不允许有交替动作，不允许蹬蛙泳腿。

四、在每次转身和到达终点时，两手应分开（见图1）在水面、水上或水下同时触壁。

五、在出发和每次转身后，允许运动员在水下做一次或多次打腿动作和一次划水动作，这次划水动作应使身体升至水面。在15米前（含15米）运动员头的一部分必须露出水面。运动员应使身体保持在水面上，直至下次转身或到达终点。

第五条　混合泳

一、个人混合泳必须按照蝶泳、仰泳、蛙泳、自由泳的顺序进行比赛。每种泳式必须完成赛程四分之一的距离。

二、混合泳接力必须按照仰泳、蛙泳、蝶泳、自由泳的顺序进行比赛。

三、在个人混合泳和混合泳接力项目的比赛中，每一泳式都必须符合对应泳式的有关规定。在仰泳转蛙泳过程中，运动员应呈仰卧姿势触壁。

第四章 场地、器材设备

第一条 游泳池

一、池长：游泳池应长 50.000 米（短池长 25.000 米），允许误差为 +0.030 米、-0.000 米。两端池壁自水面上 0.300 米至水面下 0.800 米的范围内，必须符合此要求。安装自动计时装置触板后，误差不得超出此范围。

以上规格必须经由国家承认的测绘单位测量并提供书面证明。

二、池宽：举办全国综合性运动会游泳比赛的游泳池宽应为 25.000 米，其他赛事的游泳池宽至少为 21.000 米。

三、池深：游泳池深度至少 2.00 米，推荐 3.00 米。

四、池壁：游泳池两端池壁必须平行，垂直于泳道和水面。池壁必须坚实、平整，自水面下 0.80 米以上的池壁必须防滑。允许在池壁上设休息台。休息台必须设在水面下至少 1.20 米深处，台面宽 0.10 米至 0.15 米。休息台可采用凸出式或凹进式，但推荐凹进式。游泳池的四壁可设水槽。如果在两端池壁上设水槽，水槽必须用合适的栅板或隔板遮盖，同时能够在水面上 0.30 米处安装触板。

五、移动池壁：游泳池的一端使用移动池壁时，必须横贯整个游泳池，在水面上至少 0.30 米到水面下至少 0.80 米的池壁必须垂直、坚实、平整、防滑，并能够安装触板；移动池壁在水面上、下方不能有伤及运动员手、脚、手指和脚趾的孔洞；移动池壁必须确保裁判员在其上自由行走而不会产生明显的水流和漩涡。

六、池水：水温25~28℃。比赛时，池水必须保持正常水位。如使用水循环装置，池水不得有明显的流动或漩涡。池水应达到使运动员能看清池底和池壁标志线的清晰程度。池水水质必须符合国家游泳场所的水质卫生标准。

七、照明：整个游泳池的照明度不得少于1500勒克斯。

八、如果游泳池与跳水池在同一比赛场地内，则游泳池与跳水池之间至少应相隔5米。2014年1月1日开始建设的游泳池，游泳池和跳水池之间至少应相隔8米，推荐相隔10米。

第二条 泳道、分道线与标志线

一、泳道：游泳池可设8条或10条泳道，每条泳道宽2.50米。使用8条泳道比赛时，泳道应是从 1 到 8 道。使用 10 条泳道比赛时，泳道应是从 0 到 9 道。

二、分道线：游泳池设 9 条或 11 条分道线。分道线必须拉至游泳池两端，固定分道线的挂钩应安装在池壁内，分道线必须拉紧。分道线由直径 0.10 ~ 0.15 米的单个浮标连接而成，距两端池壁 15 米处和 50 米池的 25 米处的浮标颜色应不同于其周围浮标颜色。自两端池壁起至 5 米内的浮标为红色。两条泳道之间只允许有 1 条分道线。

游泳池设 9 条分道线时，其颜色如下（图 2）：

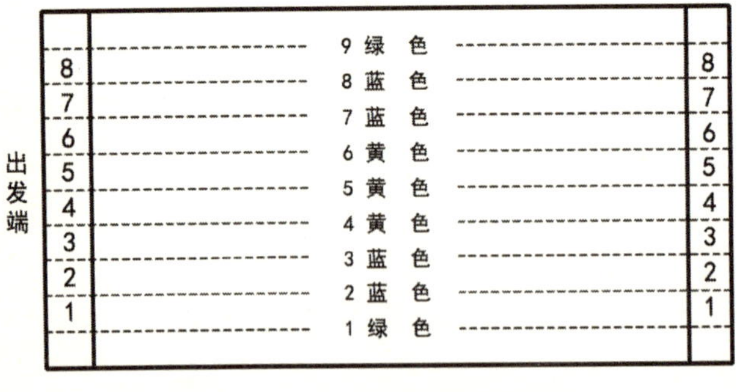

图 2　9 条分道线的颜色示意

第 1、9 分道线为绿色；

第 2、3、7、8 分道线为蓝色；

第 4、5、6 分道线为黄色。

游泳池设 11 条分道线时，其颜色如下（图 3）：

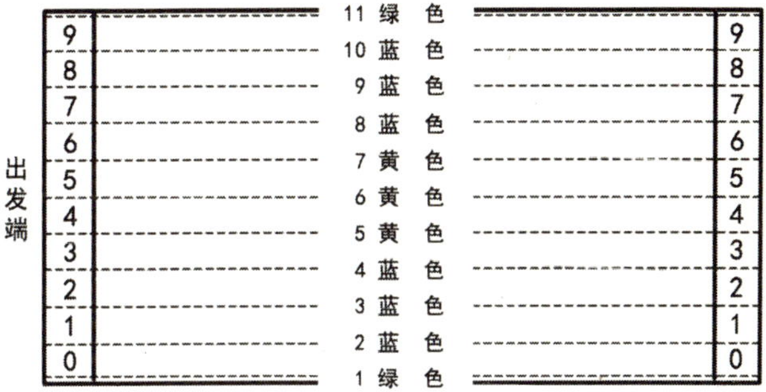

图 3　11 条分道线的颜色示意

第 1、11 分道线为绿色；

第 2、3、4、8、9、10 分道线为蓝色；

第 5、6、7 分道线为黄色。

三、泳道标志线（附录一、二）：各泳道中间的池底应有清晰的深色标志线，线宽 0.20 ~ 0.30 米，线长 46 米（25 米池线长 21 米），泳道标志线两端距池端各为 2 米。在泳道标志线的两端应各设一条长 1 米与泳道标志线同宽并与其垂直的对称横线。

50 米游泳池的每条泳道标志线，在距两端池壁 15 米处设一条长 0.50 米、宽 0.20 ~ 0.30 米的横线（横线的中心距池壁 15 米）。

四、池端目标标志线（见附录一、二）：池端目标标志线应设在两端池壁上或触板上，位于各泳道正中，宽为 0.20 ~ 0.30 米，从池壁的上沿一直延伸到池底。在水面下 0.30 米处的池端目标标志线中心上设一横线，横线长 0.50 米，宽 0.20 ~ 0.30 米。

第三条　出发台

一、出发台应正对泳道的中间，其前沿应高出水面0.50～0.75米。出发台的台面面积至少为0.50米×0.50米（重大游泳赛事的出发台台面面积至少为宽0.50米×长0.60米）。台面应由防滑材料覆盖，其向前倾斜不超过10°。出发台前沿应与池壁在同一垂直面上。出发台可设置可调节踏板。可在出发台的两侧设出发握手器。允许在出发台下安装电子显示板，但不能闪烁。仰泳出发时显示板上的数字不能跳动。

出发台必须坚固没有弹性，并应保证运动员出发时能在前沿和两侧抓握出发台。如果出发台台面的厚度超过0.04米，可在出发台两侧设至少0.10米长、前端设至少 0.40 米长的握手槽。槽深 0.03 米。

二、出发台必须设有横式和竖式的仰泳出发握手器，高出水面 0.30 ~ 0.60 米。横握手器与水面平行，竖握手器与水面垂直。握手器应与池壁在同一垂直面上，不得突出池壁之外。可以在出发台上设置仰泳出发器（图 4）。仰泳出发器的踏板高 8 厘米，至少 65 厘米长，下端厚 2 厘米，倾斜角为 10°；踏板可以调节到水上 4 厘米至水下 4 厘米处。

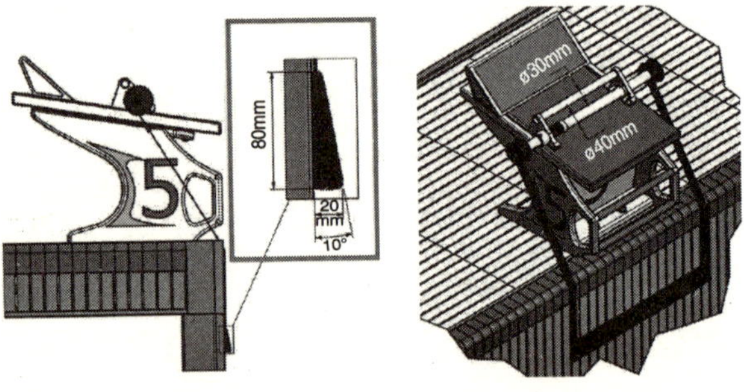

图 4　仰泳出发器

三、出发台四周应用明显的阿拉伯数字标明泳道号数。出发台的号数应在出发一端面对游泳池从右至左依次排列。

第四条　召回线与仰泳转身标志线

一、出发召回线：出发召回线必须横跨游泳池并系在离出发端15米处的固定柱子上，距水面至少1.20米，应能迅速放入水中，并有效覆盖全部泳道。

二、仰泳转身标志线：仰泳转身标志线为横跨游泳池的旗绳。旗绳两端固定在离游泳池两端5米的柱子上，高出水面1.80米。标志旗必须固定在旗绳上，规格为底边0.20米、两斜边0.40米的三角形；标志旗之间的距离为0.25米(图5)。

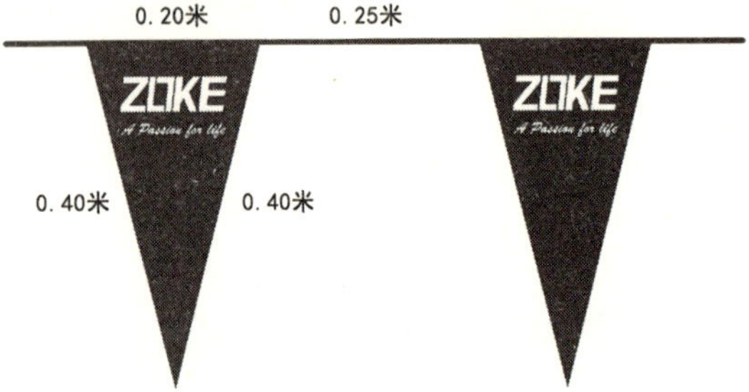

图 5　仰泳转身标志线

第五条　自动计时装置

一、全国综合性运动会游泳比赛、全国游泳冠军赛、全国游泳锦标赛必须采用自动计时装置。

二、自动和半自动计时装置应能判定运动员到达终点的先后，并记录运动员的成绩。计取的成绩应精确到百分之一秒。任何装置均不得影响运动员的出发、转身和溢水系统的功能。这种装置应由发令员启动。装置的连线尽可能不要露在池岸上，要能够按名次和泳道显示出各泳道所有记录下的信息，提供易读的运动员成绩。

三、自动计时装置应包括以下设备：

（一）发令装置

1. 供发令员发布口令的话筒。

2. 如使用发令枪，必须带有信号转换器。

3. 话筒和信号转换器应与各出发台的扬声器相连，使运动员都能同时听到发令员的口令和出发信号。

（二）自动计时装置触板：触板最少应为宽 2.40 米 × 高 0.90 米，厚度为 0.01 米 ± 0.002 米。触板应露出水面 0.30 米，浸入水中 0.60 米。各泳道的触板应独立安装以便单独控制。触板的表面颜色必须鲜明，并设有固定的池端目标标志线。

1. 安装：触板应安装在泳道中心的固定位置上，并应轻便，以便容易拆卸。

2. 灵敏度：触板应不会受水波影响，而只对运动员的轻微触动产生作用。触板的顶部前沿应是灵敏的。

3. 标志线：触板上的标志线应与池壁的标志线一致并重叠，触板的周围和边沿应标有 0.025 米的黑边。

4. 安全性：触板应绝无触电的危险，触板的边沿应平滑。

（三）自动计时装置至少有下列配件和功能：

1. 在比赛中能重复打印出各种信息。

2. 电子公告板。

3. 精确到百分之一秒的接力出发判断器。当使用自动计时摄像系统时，该系统可以作为接力出发判断器的补充。

4. 自动计趟。

5. 分段成绩显示。

6. 总名次排列。

7. 误触板纠正。

8. 自动充电器。

四、全国综合性运动会游泳比赛、全国游泳冠军赛、全国游泳锦标赛应具备下列条件：

电子公告板至少应有12行，每行可显示32个字符，每个字符的位置上均能显示字母和数字，每个字符至少为0.36米高。显示栏应可上下翻动，并且有闪烁功能。电子公告板应显示比赛运行的成绩。每个矩阵记分牌都应能通过计算机程序进行控制，并能显示动画。成绩公布板至少为7.50米宽，4.50米高。

在离终点池端3～5米处，必须有一个装有空调的控制中心，面积至少为6米×3米，要求在比赛中随时能不受阻碍地观察到终点端的情况。总裁判在比赛期间应能方便地出入控制中心，其他时间控制中心应能封闭。

五、使用自动计时装置时，可以采用半自动计时装置作为自动计时装置的备用系统，每条泳道须有3个按钮，由3名裁判员独立操作。在运动员抵达终点触壁后，裁判员立即按下按钮以计取成绩。

第六条　基层比赛的场地、器材

一、设有出发台的游泳池，其出发端从距池壁 1 米起到距池壁至少 6 米处，深度至少 1.35 米。其他地方池深至少 1.00 米。

二、泳道宽不得少于 2.00 米，两侧泳道与两侧池壁的距离不得少于 0.20 米。

三、出发端和转身端的照明度不得少于 600 勒克斯。

四、泳道数和池宽不限。

五、分道线颜色不限。

六、游泳池池水温度不得低于 25℃。

七、其余比赛场地、器材设备规格应符合本《规则》第四章相关条款的规定。

第五章 附 则

第一条 泳装规定

一、只允许运动员穿一件泳装参加比赛。男运动员泳装不得高于肚脐、低于膝部。女运动员泳装可以是连体的或分体的，但不得覆盖颈部、延伸过肩部、低于膝部。所有泳装的材质为透气且不透明的纺织品。

二、比赛泳装必须在国际泳联每年发布的合格泳装列表之内，并有国际泳联认证标识。

三、如果运动员的泳装没有国际泳联认证标识，只要泳装外形和材质完全符合本条“一”款的规定，也可参加比赛。当创造新的纪录时，其泳装必须经有关部门检查认可。

四、允许运动员佩戴两顶游泳帽参加比赛。

第二条　赛前练习

一、运动员报到后，应提供比赛池和训练池给运动员训练使用。

二、为保证安全，运动员不得使用划手掌、脚蹼等器材。

三、除冲刺泳道外，其他泳道禁止出发跳水。

第三条　场馆保障

一、游泳场馆内设运动员和教练员

席，使运动员和教练员能够在现场观看比赛。

二、游泳场馆内提供必需的功能用房及相应设施。

三、比赛期间，比赛场馆应配备必要的急救、救生设施和医护人员、救生员。

四、游泳场馆内禁止吸烟。

第四条 广告标志

一、不允许出现任何方式的身体广告。

二、运动员必须佩戴号码布入场（介绍运动员）和参加颁奖仪式。佩戴的号码布须完整可见。运动员若在比赛开始时被介绍之前或在颁奖仪式结束之前摘掉号码布，将被取消资格。

第五条　录像设备

所有被批准的水上、水下录像、摄像设备，均不得阻挡运动员视线或游进路线，不得干扰比赛。

第六条　技术会议

各参赛代表队应派代表按时参加赛前技术会议。对于缺席的代表队，主办单位可对其进行相应处罚，该队若提出技术会议内容涉及的报名报项更正、申诉等相关问题，将不予受理。

第七条　申诉与仲裁

各代表队对裁判员的判决有疑问时，

其领队或教练员应先口头向总裁判提出询问。如仍有异议，须在该项比赛结束后 30 分钟以内，填写申诉书并由领队签名后交总裁判，同时交纳申诉费人民币 500 元（如胜诉，退还申诉费）。总裁判签署意见后将申诉书送交技术代表，技术代表召集仲裁委员对申诉进行复议和裁决。仲裁委员会的裁决为最终裁决。

第八条 基层比赛

基层比赛可参照本《规则》，根据实际情况进行组织。

图书在版编目（CIP）数据

游泳竞赛规则. 2014~2018 / 中国游泳协会审定.
-北京：人民体育出版社，2014（2018.11.重印）
ISBN 978-7-5009-4677-9

Ⅰ.①游… Ⅱ.①中… Ⅲ.①游泳-竞赛规则-2014~2018 Ⅳ.①G861.104

中国版本图书馆 CIP 数据核字（2014）第 136499 号

*

人民体育出版社出版发行
三河兴达印务有限公司印刷
新 华 书 店 经 销

*

787×960 32 开本 2.5 印张 26 千字
2014 年 8 月第 1 版 2018 年 11 月第 5 次印刷
印数：22,001—27,000 册

*

ISBN 978-7-5009-4677-9
定价：12.00 元

社址：北京市东城区体育馆路 8 号（天坛公园东门）
电话：67151482（发行部） 邮编：100061
传真：67151483 邮购：67118491
网址：www.sportspublish.cn
（购买本社图书，如遇有缺损页可与邮购部联系）